Abkürzungen

EL	Esslöffel	TK	Tiefkühl…
TL	Teelöffel	Bd.	Bund
kg	Kilogramm	Msp.	Messerspitze
g	Gramm	kcal	Kilokalorien
mg	Milligramm	kJ	Kilojoule
l	Liter	EW	Eiweiß
ml	Milliliter	F	Fett
cl	Zentiliter	KH	Kohlenhydrate
gestr.	gestrichen	1 kJ = 0,239 kcal	
geh.	gehäuft	1 kcal = 4,184 kJ	

Impressum

Baierbrunner Straße 27, 81379 München

Einleitungstext: Dipl. oec. troph. Dagmar Fronius-Gaier
Chefredaktion: Dr. Matthias Feldbaum
Redaktion: Isabel Martins
Produktion: Ute Hausleiter
Abbildungen: siehe Bildnachweis S. 80
Titelabbildung: StockFood
Gestaltung: h3a GmbH, München
Umschlaggestaltung: textum GmbH, München

ISBN 978-3-8174-9598-6
381749598/1

www.compactverlag.de

Inhaltsverzeichnis

Weihnachtsbäckerei – alle Jahre wieder!

Was gehört zu Weihnachten? Sicher auch das köstliche Aroma von frisch gebackenen Plätzchen. Die ersten Zeugnisse der Weihnachtsbäckerei stammen aus dem Mittelalter. Damals wurde die weihnachtliche Backtradition besonders in Klöstern gepflegt, woran heute noch Namen wie „Nonnenkräpflein“ oder „Thorner Kathrinchen“ erinnern. Der Genuss einfacher Lebkuchen war auch in der Fastenzeit erlaubt.

Die vielfältigen exotischen Gewürze wurden aus dem Orient importiert. Man bezeichnete sie alle als Pfeffer, sodass sich der Name Pfefferkuchen für würzige Honigkuchen einbürgerte. Honig war zu dieser Zeit das einzige Süßungsmittel. Mit der Zeit ersetzte jedoch der Zucker den Honig und neue Teigrezepturen konnten entwickelt werden.

Nach der Erfindung der Oblate um 1860 entstand eine Vielfalt an köstlichen Kleingebäcksorten. Und ein unbekanntes Backgenie hatte den Zuckerguss erfunden, der zusammen mit bunten Zuckerperlen den Spaß am Verzieren ermöglichte.

Heute weiß man beim Thema Plätzchen meist mehr über Kaloriengehalt als über altes Brauchtum. Dabei wird jedoch übersehen, dass der Genuss von Süßigkeiten in der dunklen Jahreszeit auch positive Auswirkungen auf Körper und Psyche hat. Denn jetzt helfen sie uns (natürlich in Maßen), unsere gute Stimmung zu behalten.

Plätzchen gibt es zwar in Hülle und Fülle zu kaufen – doch selbst gebacken schmecken sie immer noch am besten.

Grundteige

Mürbeteig

Mürbeteig ist knusprig und zugleich zart, trocken und trotzdem schmelzend. Das macht ihn für viele Gebäckarten geeignet. Für das Grundrezept benötigt man 100 g Zucker, 200 g Butter, 300 g Mehl und 1 Ei. Aufgrund der Gewichtsverhältnisse der Zutaten nennt man Mürbeteig auch 1-2-3-Teig.

Für die Zubereitung werden alle Zutaten auf einem großen Arbeitsbrett aufgehäuft und mit einem Messer durchgehackt. Die entstandenen groben Brösel werden dann rasch mit kühlen Händen verknetet und zu einer Kugel geformt. Diese sollte vor der weiteren Verarbeitung abgedeckt 30 Mi-

nuten im Kühlschrank ruhen. In Folie verpackt hält sich der Teig im Kühlschrank auch 1 Woche frisch.
Damit Mürbeteig knusprig wird und der Zucker karamellisiert, wird das Gebäck bei 200–220 Grad gebacken. Da Mürbeteig besonders fettreich ist, muss das Backblech vorher nicht gebuttert werden.

Makronenteig

Makronen- oder Eiweißteig ist die Grundlage für zarte Makronenplätzchen. Er besteht aus Eiweiß, reichlich Zucker und gemahlenen Mandeln oder Nüssen anstelle von Mehl. Volumen und Luftigkeit werden durch den sehr steif geschlagenen Eischnee erzielt. Unter diesen wird nach und nach der Zucker gerührt. Die Konsistenz ist richtig, wenn die Eiweiß-Zucker-Masse schön glänzt und weiche Spitzen bildet. Die Nüsse oder Mandeln werden zum Schluss vorsichtig untergehoben.
Soll der Teig etwas fester und knackig werden, rührt man das Eiweiß ungeschlagen unter die trockenen Zutaten. Der Makronenteig wird in der Regel bei 130–150 Grad gebacken, manchmal eher getrocknet. Die Plätzchen sollten außen knusprig, innen noch weich und hell sein.

Hefeteig

Die Mengen der Grundzutaten für Hefeteig (Mehl, Hefe, Zucker, Eier, Milch, Butter) variieren, je nachdem ob man z. B. einen Stollen oder einen einfachen Zopf zubereiten will. Bei der klassischen Art der Hefeteigzubereitung wird das Mehl in eine Schüssel gesiebt, eine Mulde in die Mitte gedrückt, die Hefe in ein wenig lauwarmer Milch aufgelöst und in der Mulde mit etwas Zucker und Mehl zu einem Vorteig verrührt. Nach 30 Minuten Ruhezeit an einem warmen Ort werden die restlichen Zutaten untergearbeitet, der

Teig gründlich geknetet und ca. 1 Stunde abgedeckt an einen warmen Ort zum »Gehen« gestellt. Nach kurzem kräftigem Durchkneten ist er fertig für die Weiterverarbeitung. Verwendet man Trockenbackhefe, entfällt das Ansetzen des Vorteiges.

Honigkuchenteig

Honigkuchen- oder Lebkuchenteig ist ein „schwerer" Teig, der als Treibmittel Hirschhornsalz oder Pottasche benötigt. Die Hauptzutaten für diese sehr süßen Teige sind Honig und Zucker, der Fettgehalt ergibt sich weniger durch den Butter- oder Ölzusatz als durch die großzügigen Mengen an Mandeln und/oder Nüssen. Es gibt einfache und reichhaltige Lebkuchenteige, nie aber fehlen darin vielfältige Gewürze wie Zimt, Nelken, Kardamom, Muskat, Koriander, Ingwer und Piment. Für die Zubereitung werden als Erstes Honig, Zucker und Butter oder Öl unter Rühren erhitzt, bis sich der Zucker aufgelöst hat. Die restlichen Zutaten rührt man nach und nach unter die handwarm abgekühlte Masse, als Letztes das Mehl. Die Backtemperatur liegt bei ca. 180 Grad.

Zutaten für die Weihnachtsbäckerei

Süßmittel

Haushaltszucker

Weißer Zucker ist der Nachfahre des Honigs. Ursprünglich aus Zuckerrohr gewonnen, war Zucker teuer und kostbar. 1747 wurde der Rübenzucker entdeckt, der ab Mitte des 19. Jahrhunderts in großen Produktionsanlagen hergestellt wurde und den Honig als Süßmittel verdrängte. Weißer Zucker ist die letzte Stufe der Raffination und ein neutrales Süßmittel ohne Eigenaroma.

Honig

Honig ist der naturbelassenste Süßstoff und auch das ursprüngliche Süßmittel für die Weihnachtsbäckerei. Es lassen sich grundsätzlich zwei Sorten unterscheiden: Blütenhonig, der von den Bienen aus Blütennektar gewonnen wird, und Blatt- oder Waldhonig, den die Bienen aus Honigtau herstellen. Honig kann Zucker in sehr vielen Rezepten ersetzen.

Kandierte Fruchtschalen

Orangeat und Zitronat (Sukkade) sind ungefärbte, unbehandelte kandierte Zitrusschalen. Das orangefarbene Orangeat wird aus den Schalen der Pomeranze, der Mutter der meisten Zitrusfrüchte, gewonnen. Es gibt auch Orangeat aus süßen Orangen-, Pampelmusen- und Zitronenschalen. Die grüne Sukkade, verwirrenderweise manchmal auch Zitronat genannt, stammt von den Zedratfrüchten bzw. Zedern. Orangeat und Sukkade sind traditionelle Zutaten z. B. für Christstollen oder Lebkuchen.

Trockenfrüchte

Getrocknetes Obst wie Rosinen, Sultaninen, Korinthen, Datteln, Feigen, Aprikosen und Pflaumen ist reich an Fruchtzucker und Mineralstoffen. Klein gehackt ist es Bestandteil zahlreichen Weihnachtsgebäcks, z. B. von Früchtebrot und Stollen. Es empfiehlt sich, Trockenfrüchte vor Gebrauch in Wasser quellen zu lassen. Dann abbrausen, abtropfen lassen und mit Küchenpapier gut abtrocknen.

Vollrohrzucker

Dieser braune Zucker, auch unter dem Namen Ursüße oder Rohrohrzucker im Handel, besteht aus reinem Zuckerrohrsaft, der schonend eingedickt und pulverisiert wird. So entsteht ein sehr gesundes Süßmittel mit einem hohen Anteil an wertvollen Mineralstoffen und Vitaminen. Vollrohrzucker kann wie Haushaltszucker dosiert werden. Seine Süßkraft ist geringfügig schwächer. Das würzige Eigenaroma ergänzt sich gut mit Gewürzen wie Zimt und Nelken, mit Haselnüssen und Kakaopulver oder Schokolade. Für helle Butterteige ist Rohrohrzucker weniger geeignet.

Zuckerrübensirup

Der süße Sirup mit dem ausgeprägten Eigengeschmack enthält 40–60 % Zucker, Vitamine (vor allem B-Vitamine) und Mineralstoffe. Er eignet sich für die Herstellung von würzigem Gebäck wie Früchtebrot und Lebkuchen.

Mehle und Flocken

Weizenmehl

Für die Weihnachtsbäckerei eignet sich Weizenmehl in den verschiedenen Typenzahlen. Der Ausmahlungsgrad des Mehles, als Typenzahl beziffert, bezeichnet die Mehlmenge im Verhältnis zum Gesamtgetreidegewicht. Je höher er ist, desto mehr gesunde Bestandteile enthält das Mehl.
Type 405 beispielsweise enthält 405 mg Mineralstoffe auf 100 g Mehl, Type 1050 entsprechend 1050 mg Mineralstoffe. Mehlsorten mit hoher Typenzahl eignen sich besonders gut für Nuss-, Schokoladen- und Gewürzgebäck.

Dinkelmehl

Eine Beimischung von ca. einem Drittel Dinkelmehl verbessert die Teigstruktur von Hefeteig (z. B. für Christstollen) und macht diesen besonders locker. Der Vorzug von Dinkel ist sein hoher Klebergehalt, der maßgebend für die Backfähigkeit von Getreide ist.

Hafer

Groß- und kleinblättrige Hafer- sowie Schmelzflocken eignen sich sehr gut für Makronengebäck. Haferplätzchen sind nahrhaft und können auch als Diätgebäck verwendet werden, denn Hafer ist das ernährungsphysiologisch wertvollste Getreide und somit besonders gut bekömmlich.

Mandeln, Nüsse und Samen

Viele weihnachtliche Rezepte sind reich an Mandeln und Nüssen. Das erklärt sich z. T. aus der Tatsache, dass die Herstellung in die winterliche Jahreszeit nach der Nussernte fällt, wenn die Kerne süß und noch nicht durch langes Lagern ranzig geworden sind. Heute stehen uns neben Mandeln, Hasel- und Walnüssen auch zahlreiche Nüsse und Samen aus fernen Ländern zur Verfügung.

Erdnüsse

Die Erdnuss ist botanisch betrachtet keine Nuss, sondern der Samen einer Hülsenfruchtpflanze. Daher ist sie weniger fettreich als die „richtigen Nüsse“. Als Gebäckzutat eignet sie sich geröstet und ungesalzen sowie als Erdnussbutter.

Haselnuss

Die Haselnuss ist als einheimische Pflanze eine der wichtigsten Zutaten für die Weihnachtsbäckerei. Sie entfaltet ein besonders feines Aroma, wenn man sie leicht röstet. Haselnüsse gibt es bereits gemahlen zu kaufen. Am besten schmecken sie jedoch frisch mit einer kleinen Nussmühle gemahlen.

Kokosnuss

Das getrocknete und zerkleinerte, sehr ölhaltige Fruchtfleisch wird als Kokosraspel oder -flocken angeboten. Ihr Geschmack ist zart und leicht süßlich. In Butter geröstet sind Kokosraspel übrigens auch eine delikate Beilage zu Fleisch, Fisch und Gemüse.

Macadamianuss

Die runden weißen Früchte sind die Kerne eines australischen Baumes, die heute u. a. in Hawaii gezüchtet werden. Die milden Macadamianüsse sind sehr kalorienreich, da sie besonders viel Fett und wenig Protein enthalten.

Mandeln

Mandeln gibt es in den Varianten Bitter-, Süß- und Krachmandel. Süße Mandeln gehören zu den Grundzutaten und sind auch ideal zum Verzieren von Lebkuchen und Plätzchen. Bittermandeln enthalten das giftige Glykosid Amygdalin. Der Genuss von 5 bis 10 Bittermandeln kann bereits gefährlich werden, deshalb Bittermandeln immer für Kinder unerreichbar lagern oder besser synthetisches Bittermandelöl verwenden!

Pekannuss

Die Steinfrüchte des Hickorybaumes sind eng mit den Walnüssen verwandt und können diese ersetzen. Mit 70 % sind sie extrem fetthaltig, weshalb sie nur etwa ein halbes Jahr lagerfähig sind.

Pinienkerne

Pinienkerne, die delikaten Samenkerne einer speziellen Pinie aus dem Mittelmeerraum, sind knapp und teuer. Nur Macadamianüsse sind noch teurer. Die weißen, cremig weichen und fettglänzenden Kerne schmecken süß und mandelähnlich.

Pistazien

Die geschmacklich vage an Mandeln erinnernden Pistazien sind klassischer Bestandteil orientalischer Süßigkeiten. Die blassen Hülsen der Steinfrüchte springen erst nach dem Rösten auf. Die grünen fetthaltigen Kerne werden für Süßspeisen teilweise nachgefärbt, um einen schönen Farbkontrast zu erzielen. Gesalzene Pistazien sind für die Weihnachtsbäckerei ungeeignet.

Walnuss

Die aromatischen und fettreichen Walnusskerne gehören zu den einheimischen Nüssen. Wer die Mühe nicht scheut, sollte Walnüsse in der Schale kaufen, denn diese ist der beste Aromaschutz. Schimmlige Nüsse wegwerfen, da sie ein Schimmelgift enthalten. Das gilt übrigens für alle Nüsse!

Gewürze

Für die Weihnachtsbäckerei benötigt man oft Gewürze, die nicht unbedingt ganzjährig im Vorratsschrank vorhanden sind. Am besten zur Backsaison rechtzeitig kleine Mengen einkaufen.

Anis

Anissamen, zur Familie der Doldenblütler gehörig, sind ganz oder gemahlen erhältlich. Ihr Aroma ist süß-aromatisch und leicht herb. Anis ist oft Bestandteil von Gewürzmischungen und passt gut zu Nelke, Vanille, Koriander und Ingwer. Anis wird meist sparsam dosiert.

Ingwer
Ingwer gibt es als frische Knolle oder pulverisiert. Da sein Aroma intensiv scharf-würzig bis süßlich-brennend ist, sollte Ingwer immer sparsam verwendet werden. In Leb- und Pfefferkuchen ist er klassische Gewürzzutat. Frische Wurzeln halten sich im Kühlschrank ca. 3 Wochen. Ingwer kann Gebäck in Pulver- oder kandierter, klein gehackter Form beigefügt werden.

Kardamom
Kardamom gehört neben Safran und Vanille zu den teuersten Gewürzen. Sein Geschmack ist feurig-würzig, süßlich-scharf und kräftig-brennend. Da sich der hocharomatische Duft sehr leicht verflüchtigt, sollte Kardamom immer möglichst bald verbraucht werden.

Muskatnuss
Muskatnüsse, die Samenkerne des Muskatbaumes, gibt es ganz oder gemahlen zu kaufen. Das Aroma ist warm-würzig bis feurig. Muskatnuss sollte sehr sparsam dosiert werden, oft genügt ein Hauch.

Nelke
Gemahlene Gewürznelken sind klassischer Bestandteil von Lebkuchengewürzmischungen sowie von Punsch- und Glühweingewürz. Das Aroma ist stechend scharf, deshalb auch Nelkenpulver immer sparsam dosieren.

Piment
Piment heißt auch Nelkenpfeffer oder Allgewürz. Sein Aroma erinnert an Nelken, Zimt, Muskat und Pfeffer. Hocharomatisch, scharf-würzig und leicht süßlich rundet Piment das Aroma von Lebkuchengewürz ab. Er wird ganz und gemahlen angeboten.

Sternanis
Die hocharomatischen kleinen Sternfrüchte kann man ganz oder gemahlen kaufen. Der Geschmack ist anisähnlich, brennend würzig. Auch Sternanis ist Bestandteil von Gewürzmischungen für Weihnachtsgebäck und Glühwein. Zur Weihnachtszeit ist er auch als Bastelgewürz beliebt.

Vanille
Vanilleschoten sind die weichen, biegsamen, glänzend öligen Fruchtschoten einer Orchidee. Das Mark der getrockneten Schoten hat ein unvergleichlich feines, süßlich-würziges Aroma. Da echte Vanille sehr teuer ist, werden verschiedene Alternativen angeboten: synthetisches Vanillearoma, Vanillezucker (mit echter Vanilleschote aromatisiert) und Vanillinzucker (mit synthetischem Vanillearoma hergestellt).

Zimt
Stangenzimt besteht aus der Rinde junger Triebe des Zimtstrauches (Kaneel). Die getrockneten gerollten Rindenstücke werden in ca. 8 cm lange Stücke geschnitten angeboten. Je dünner die Röllchen, desto feiner das süßliche, würzig-feurige Aroma. Chinazimt (Kassia) stammt aus der Innenrinde der Äste und Stämme des Zimtbaumes. Zimtpulver wird vorwiegend aus Bruch hergestellt.

Zitrone
Zitronenschale wird für viele Plätzchensorten benötigt. Frisch gerieben ist sie von hoher Würzkraft. Es dürfen nur ungespritzte sowie ungewachste Zitronen verwendet werden.

Treibmittel

Neben klassischem Backpulver wird oft auch anderes Treibmittel für schwere Teige benötigt.

Backpulver
Dieses Treib- und Lockerungsmittel ist vorwiegend für Mürbe- und Rührteige geeignet. Es ist eine Mischung aus Natriumhydrogenkarbonat und sauren Natrium- und Kalziumsalzen der Phosphorsäure. Beim Backen entsteht Kohlendioxid, das den Teig hochtreibt und dabei entweicht.

Hefe
Hefe ist ein Sprosspilz, der unter anaeroben, also sauerstofflosen Bedingungen Zucker zu Alkohol vergärt und dabei Kohlendioxid, Aromastoffe und Vitamine entwickelt. Das Kohlendioxid fördert die Teiglockerung.

Hirschhornsalz
Das weiße Pulver, das aus Ammoniumkarbonat und Ammoniumhydrogenkarbonat besteht, zerfällt bei Temperaturen über 60 Grad in Kohlendioxid, Ammoniak und Wasser. Es wird häufig als Treibmittel für dünne Gebäcke verwendet, bei denen das entstehende Ammoniak vollständig entweichen kann. Da das weiße Salz wasseranziehend ist, kommt es in Glasröhrchen in den Handel.

Natron
Natron ist ein weißes Pulver, bestehend aus Natriumhydrogenkarbonat. Es entwickelt beim Erhitzen Kohlendioxid, weshalb es als Treibmittel verwendet wird.

Pottasche
Pottasche ist ein weißes, kristallines, laugig schmeckendes Salz, bestehend aus Kaliumkarbonat. Es wird für Honigkuchen als Treibmittel verwendet.

Glasuren

Schokoladenglasur oder Kuvertüre gibt es aus weißer, Bitter-, Zartbitter- und Vollmilchschokolade zu kaufen. Kuvertüre wird im heißen, nicht kochenden Wasserbad langsam flüssig gemacht. Anschließend lässt man sie abkühlen, bis sie fast erstarrt ist, und erwärmt sie abermals – dann ist sie gebrauchsfertig.
Glasuren mit Haselnüssen, Vanille- oder Zitronengeschmack werden ebenfalls als Fertigprodukte angeboten. Sie werden im Wasserbad erwärmt.
Für Zuckerglasuren wird gesiebter Puderzucker mit wenig Wasser oder Eiweiß gründlich verrührt. Die Glasur soll zäh und dickflüssig sein. Aus Geschmacks- oder Farbgründen kann man sie auch mit Zitronensaft, Himbeersirup, Rum oder Eierlikör anrühren.

Klassiker

Spitzbuben

1 Vanilleschote längs aufschneiden und das Mark auskratzen. Mit Zucker, Salz und Mehl mischen. Butter in Würfel schneiden und mit der Mehlmischung krümelig reiben.

2 Ei zugeben und das Ganze rasch zu einem glatten Teig verarbeiten. In Frischhaltefolie wickeln und für 1 Stunde kühl stellen.

3 Backofen auf 180 Grad Ober- und Unterhitze (160 Grad Umluft) vorheizen. Den Teig auf einer bemehlten Arbeitsfläche 2 mm dick ausrollen und verschiedene Formen ausstechen; dabei jeweils eine gerade Zahl erreichen. Aus der Hälfte der Plätzchen mittig kleine Kreise ausstechen.

4 Alle Plätzchen auf ein mit Backpapier belegtes Blech geben. In den heißen Ofen schieben und auf der mittleren Schiene 10 Minuten backen.

5 Plätzchen mit ausgestochenem Kreis mit Puderzucker übersieben. Fruchtaufstrich durch ein Sieb streichen und mit Rohrohrzucker und Zitronensaft in einem kleinen Topf erhitzen.

6 Plätzchenböden mit dem Aufstrich einstreichen. Die passenden ausgestochenen Kekshälften daraufsetzen und leicht andrücken. Mit einem kleinen Löffel vorsichtig die ausgestochenen Kreise mit dem Fruchtaufstrich füllen. Vor dem Verpacken ganz fest werden lassen.

Tipp

Spitzbuben schmecken auch köstlich, wenn man sie mit Himbeer- oder Johannisbeergelee füllt.

Für ca. 30 Stück:

Für den Teig:
- 1 Vanilleschote
- 150 g Rohrohrzucker
- 1 Prise Meersalz
- 300 g Dinkelmehl (Type 630, z. B. von Alnatura)
- 120 g kalte Butter
- 1 Ei (Größe M)
- Mehl für die Arbeitsfläche
- Puderzucker zum Bestäuben

Für die Füllung:
- 100 g Fruchtaufstrich Erdbeere
- 50 g Rohrohrzucker
- 1 EL Zitronensaft

Zubereitungszeit: 45 Min.

Kühlzeit: 1 Std.

Backzeit: 10 Min.

Nährwerte pro Stück: 98 kcal, 410 kJ, 1 g EW, 4 g F, 14 g KH

Klassiker

Kokosmakronen

1 Den Backofen auf 150 Grad Ober- und Unterhitze (130 Grad Umluft) vorheizen. In der Zwischenzeit Eiweiß mit den Quirlen des Handrührgerätes steif schlagen, dabei Vanillezucker und gesiebten Puderzucker einrieseln lassen.

2 Kokosraspel vorsichtig unter den steifen Eischnee heben. Die Masse anschließend in einen Spritzbeutel mit Sterntülle füllen.

3 Ein Backblech mit Backpapier auslegen und die Makronenmasse in kleinen Tupfern daraufspritzen; dabei dazwischen immer etwas Abstand lassen. Das Backblech in den heißen Backofen schieben und die Kokosmakronen auf der mittleren Schiene 20–25 Minuten backen. Danach herausnehmen und vor dem Servieren vollständig auskühlen lassen.

Tipp

Wer mag, kann noch etwas Zartbitterkuvertüre schmelzen und die Kokosmakronen nach dem Auskühlen mit dünnen Schokoladenlinien verzieren. Dazu beispielsweise einen Holz- oder Metallspieß verwenden.

Für ca. 20 Stück:
4 Eiweiß (Größe M)
100 g Vanillezucker
150 g Puderzucker, gesiebt
250 g Kokosraspel

Zubereitungszeit:
15 Min.
Backzeit:
25 Min.

Nährwerte pro Stück:
132 kcal, 552 kJ,
1 g EW, 8 g F, 14 g KH

Klassiker

Vanillekipferl

1 Den Backofen auf 175 Grad Ober- und Unterhitze (155 Grad Umluft) vorheizen. Mehl in eine Rührschüssel sieben. Vanillezucker, Puderzucker, Mandeln, Salz und Margarine zugeben. Das Ganze vermengen und rasch zu einem glatten Teig verkneten.

2 Aus dem Teig fingerdicke Rollen formen, diese in ca. 5 cm lange Stücke schneiden und zu Kipferl legen. Auf ein mit Backpapier ausgelegtes Backblech geben und im heißen Ofen in 15–20 Minuten hell backen.

3 Vanilleschoten mit einem spitzen Messer aufschlitzen. Das Mark auskratzen und mit dem Zucker mischen. Die Kipferl nach dem Backen kurz ausdampfen lassen und dann rasch vom Papier lösen und noch heiß in der Zuckermischung wenden.

Tipp

Das Vanillemark verteilt sich am besten, wenn Sie es mit dem Zucker durch ein Sieb streichen. Natürlich können Sie auch fertig gekauften Vanillezucker verwenden.

Für ca. 60 Stück:
250 g Weizenmehl (Type 405)
2 Päckchen Vanillezucker
75 g Puderzucker
100 g gemahlene Mandeln
1 Prise Salz
200 g Margarine (z.B. von Rama)
2 Vanilleschoten
100 g Zucker

Zubereitungszeit:
50 Min.
Backzeit:
20 Min.

Nährwerte pro Stück:
61 kcal, 255 kJ,
1 g EW, 4 g F, 6 g KH

Lebkuchensterne

1 Für den Teig Honig, Zucker, Vanillinzucker, Butter und Milch langsam unter Rühren erwärmen, bis Butter und Honig flüssig sind. Dann in eine Rührschüssel geben und 15 Minuten kalt stellen.

2 Bittermandelöl und Zimt unter die fast erkaltete Masse geben. Mehl mit Kakaopulver, Speisestärke und Backpulver vermengen. Zwei Drittel davon unter die Masse rühren, den Rest unterkneten.

3 Backofen auf 180 Grad Ober- und Unterhitze (160 Grad Umluft) vorheizen. Teig auf einer bemehlten Arbeitsfläche 5 mm dick ausrollen und mit einer Plätzchenform Sterne ausstechen. In der Mitte zusätzlich jeweils einen Kreis ausstechen. Ein Backblech fetten und die Sterne darauflegen.

4 Lebkuchensterne in den heißen Ofen schieben. Auf der mittleren Schiene ca. 15 Minuten backen. Anschließend herausnehmen und auskühlen lassen.

5 Zum Verzieren Puderzucker mit so viel Zitronensaft glatt rühren, dass eine spritzfähige Masse entsteht. Mithilfe eines Pergamentpapiertütchens mit abgeschnittener Spitze die Sterne mit dem Guss verzieren. Dann den Guss fest werden lassen.

Tipp

Die Lebkuchensterne sind auch schöne Anhänger. Dafür vor dem Backen mit einem Schaschlikspieß ein Loch in eine Sternspitze stechen. Nach dem Erkalten Bändchen durch die Löcher ziehen und aufhängen.

Für ca. 30 Stück:
- 125 g Honig
- 200 g Zucker
- 1 Päckchen Vanillinzucker
- 150 g Butter
- 4 EL Milch
- 3 Tropfen Bittermandelöl
- 1 gestr. TL Zimtpulver
- 400 g Weizenmehl (Type 405)
- 2 gestr. EL Kakaopulver
- 100 g Speisestärke
- 1 Päckchen Backpulver
- Mehl für die Arbeitsfläche
- Fett für das Blech
- 200 g Puderzucker
- Zitronensaft

Zubereitungszeit: 40 Min.
Kühlzeit: 15 Min.
Backzeit: 15 Min.

Nährwerte pro Stück: 158 kcal, 661 kJ, 2 g EW, 5 g F, 28 g KH

20 Florentiner

1 Backofen auf 175 Grad Ober- und Unterhitze (155 Grad Umluft) vorheizen. Zucker, Mehl, Salz und Sahne in eine Rührschüssel geben. Butter unterrühren. Mischobst und Cranberrys fein hacken und unter den Teig mischen.

2 Ein Backblech mit Backpapier auslegen. Den Teig in ca. 15 Portionen mithilfe eines Teelöffels auf das Blech geben. Dabei auf dem Blech viel Abstand zwischen den Florentinern lassen. Teig leicht flach drücken.

3 Das Blech in den heißen Ofen schieben. Florentiner auf der mittleren Schiene 10–15 Minuten backen. Anschließend auf dem Blech erkalten lassen.

4 Glasur im heißen Wasserbad schmelzen. Ausgekühlte Florentiner mithilfe von 2 Gabeln in die Glasur tauchen und die Unterseite mit Schokolade überziehen. Auf ein Backpapier legen, bis die Schokolade fest ist.

Tipp

Zunächst nur eine Teigportion auf das Bleck setzen. Wenn die Florentiner auf dem Backblech zu flüssig oder zu fest sind, dem Teig entweder etwas Butter oder etwas Mehl zugeben. Beides sollte gründlich unter den Teig gemengt werden.

Für ca. 15 Stück:
- 100 g Rohrohrzucker
- 90 g Dinkelmehl (Type 630)
- 1 Prise Meersalz
- 60 g Schlagsahne
- 60 g zimmerwarme Butter
- 75 g getrocknetes Mischobst (z. B. von Alnatura)
- 25 g getrocknete Cranberrys
- 150 g Zartbitterschokoladenglasur

Zubereitungszeit:
30 Min.
Backzeit:
15 Min.

Nährwerte pro Stück:
151 kcal, 632 kJ,
2 g EW, 8 g F, 18 g KH

Dominosteine

1 Für die Füllung Zartbitter- und Vollmilchkuvertüre hacken. Mit Sahne und Rum in einen kleinen Topf geben und erhitzen. Unter Rühren schmelzen lassen. Anschließend das Ganze mit einem Schneebesen gut verschlagen.

2 Marzipanrohmasse zerbröckeln. In die Schokoladensahne rühren. Kurz auskühlen lassen und dann mindestens 3 Stunden im Kühlschrank fest werden lassen.

3 Ein Pralinenblech oder eine flache Auflaufform (ca. 30 cm x 15 cm) mit Klarsichtfolie auslegen. Den Boden mit Butterkeksen auslegen.

4 Fertig gekühlte Creme mit dem Schneebesen noch einmal aufschlagen. Ein Drittel davon auf den Keksen verteilen. Die nächste Schicht Kekse darauf verteilen und so fortfahren, bis 3 Schichten Kekse entstanden sind. Mit der vierten Keksschicht abschließen. Nochmals 1 Stunde kalt stellen.

5 Nach Ende der Kühlzeit das Ganze mit der Folie aus der Form heben und in ca. 40 Würfel schneiden. Die Zartbitterkuvertüre und weiße Schokolade getrennt hacken und jeweils unter Rühren in einem Wasserbad schmelzen lassen.

6 Dominosteine mit der Zartbitterkuvertüre überziehen. Mit der weißen Schokolade Streifen darauf ziehen und gut trocknen lassen.

Tipp

Anstelle der Butterkekse können Sie die Dominosteine auch mit Biskuit- oder auch mit Lebkuchenteig herstellen.

Für ca. 40 Stück:
Für die Füllung:
150 g Zartbitterkuvertüre (65 % Kakaogehalt)
150 g Vollmilchkuvertüre (35 % Kakaogehalt)
100 g Schlagsahne
2 cl Rum
100 g Marzipanrohmasse

Außerdem:
60 Butterkekse
250 g Zartbitterkuvertüre (65 % Kakaogehalt)
50 g weiße Schokolade

Zubereitungszeit:
45 Min.

Kühlzeit:
4 Std.

Nährwerte pro Stück:
118 kcal, 494 kJ,
3 g EW, 5 g F, 15 g KH

Cantuccini

1 Mehl mit Backpulver mischen und in eine Schüssel sieben. Eier verquirlen. Dann nach und nach Zucker, Zimt, Nelke, Orangen- und Zitronenschale, Likör, Butter und Butterschmalz sowie die Mehlmischung zufügen. Das Ganze mit den Knethaken des Handrührgerätes gründlich verkneten.

2 Den Teig aus der Schüssel nehmen und auf einer bemehlten Arbeitsfläche mit den Händen zu einem glatten Teig verarbeiten, dabei die Walnüsse unterarbeiten. Teig in 4 gleich große Portionen aufteilen und zu backblechlangen Rollen formen.

3 Backofen auf 180 Grad Ober- und Unterhitze (160 Grad Umluft) vorheizen. Die Teigrollen auf ein mit Backpapier ausgelegtes Backblech setzen und dann im vorgeheizten Ofen auf der mittleren Schiene ca. 45 Minuten backen.

4 Teigrollen nach dem Backen ca. 5 Minuten ruhen lassen. Dann die noch heißen Rollen schräg in ca. 2 cm dicke Scheiben schneiden. Cantuccini vollständig erkalten lassen, dann erst in Gebäckdosen aus Blech verpacken. Bis zum Verzehr an einem nicht zu warmen Ort aufbewahren.

Für ca. 100 Stück:
500 g Weizenmehl (Type 405, z. B. von Aurora)
1 TL Backpulver
3 Eier (Größe M)
250 g Zucker
2 TL Zimtpulver
2 TL Nelkenpulver
abgeriebene Schale von je 1 Orange und Zitrone (unbehandelt)
2 EL Mandellikör
50 g weiche Butter
30 g Butterschmalz
Mehl für die Arbeitsfläche
200 g Walnüsse

Zubereitungszeit:
25 Min.
Backzeit:
45 Min.

Nährwerte pro Stück:
50 kcal, 208 kJ,
1 g EW, 2 g F, 7 g KH

Klassiker

26

Zimtsterne (Abb. S. 11)

1 Backofen auf 160 Grad Ober- und Unterhitze (140 Grad Umluft) vorheizen. Walnüsse in einer Pfanne ohne Fettzugabe kurz rösten und im Mixer oder Blitzhacker mahlen. Mit Zimtpulver, Nelken und Piment vermischen. Mehl sieben und ebenfalls untermengen.

2 Eiweiß steif schlagen. Nach und nach Zucker einrieseln lassen und Zitronensaft unterrühren. Die Walnuss-Mehl-Mischung mit einem Teigschaber vorsichtig unterheben.

3 2 Bögen Backpapier zuckern. Den Teig dazwischen portionsweise ca. 4 mm dick ausrollen. Sterne mit ca. 6 cm Durchmesser ausstechen und auf mit Backpapier ausgelegte Backbleche setzen.

4 Die Zimt-Walnuss-Sterne in den heißen Ofen schieben und ca. 15 Minuten backen. Anschließend herausnehmen und auskühlen lassen.

5 Für die Glasur Puderzucker mit 3–4 EL Wasser glatt rühren. Die ausgekühlten Sterne damit glasieren und mit jeweils 1 Walnusshälfte verzieren. Glasur vollständig fest werden lassen.

Tipp

Statt mit Wasser kann man für die Glasur den Puderzucker auch mit Rum oder Weinbrand verrühren.

Für ca. 40 Stück:
400 g kalifornische Walnüsse
2 EL Zimtpulver
1 Prise Nelkenpulver
1 Prise Pimentpulver
75 g Weizenmehl (Type 405)
3 Eiweiß (Größe M)
200 g Zucker
2 TL Zitronensaft
Zucker zum Ausrollen

Für die Glasur:
250 g Puderzucker
40 Walnusshälften

Zubereitungszeit:
45 Min.

Backzeit:
15 Min.

Nährwerte pro Stück:
127 kcal, 531 kJ,
2 g EW, 7 g F, 14 g KH

einfach & unwiderstehlich

Nussige Eiskristalle

1 Walnüsse im Blitzhacker fein mahlen. Walnüsse, Mehl und Zucker in einer Schüssel mischen. Butter in Flöckchen, Orangenschale und 2–3 EL kaltes Wasser zugeben. Die Teigzutaten mit einem Messer durchhacken und zu trockenen Krümeln verarbeiten. Dann rasch mit der Hand zu einem glatten Teig verkneten. Teig in Folie wickeln und ca. 30 Minuten in den Kühlschrank legen.

2 Backofen auf 180 Grad Ober- und Unterhitze (160 Grad Umluft) vorheizen. Ein Backblech mit Backpapier auslegen. Den Teig auf einer bemehlten Arbeitsfläche ausrollen. Mit einem Ausstecher in Eiskristallform Kristalle ausstechen und auf das Backblech legen.

3 Werden die Kristalle als Anhänger oder Dekoration verwendet, mit einem Holzstäbchen ein Loch in die Plätzchen stechen. Das Blech in den heißen Ofen schieben und Kristalle 10–12 Minuten backen. Plätzchen anschließend auskühlen lassen.

4 Für die Glasur den Puderzucker sieben und das Eiweiß halb steif schlagen. Nach und nach Puderzucker einrieseln lassen und das Ganze zu einem spritzfähigen Guss verrühren. Falls der Guss zu dickflüssig ist, mit etwas Wasser verdünnen.

5 Guss in einen Spritzbeutel mit feiner Lochtülle füllen. Die Plätzchen mit dem Zuckerguss und den Walnüssen dekorativ verzieren.

Tipp

Damit die Walnüsse auf den Eiskristallen halten, verwenden Sie jeweils 1 Klecks Guss als „Kleber".

Für ca. 50 Stück:

Für den Teig:

- 100 g Walnüsse
- 250 g Weizenmehl (Type 405)
- 80 g Zucker
- 120 g kalte Butter
- 1 TL abgeriebene Orangenschale (unbehandelt)
- Mehl für die Arbeitsfläche

Zum Garnieren:

- 250 g Puderzucker
- 1 Eiweiß (Größe M)
- 100 g Walnüsse

Zubereitungszeit: 50 Min.

Kühlzeit: 30 Min.

Backzeit: 12 Min.

Nährwerte pro Stück:
69 kcal, 289 kJ,
1 g EW, 5 g F, 6 g KH

Stollenhappen mit Cranberrys

1 Mehl in eine Rührschüssel geben und in die Mitte eine Mulde drücken. Dann die Hefe hineinbröckeln und diese mit lauwarmer Milch und 1 TL Zucker verrühren. Den Vorteig abgedeckt 10–15 Minuten an einem warmen Ort gehen lassen.

2 Übrigen Zucker, 175 g Butter sowie Magerquark zum Teig geben. Alles mit den Knethaken des Handrührgerätes zu einem glatten Teig verarbeiten. Abdecken und 1 Stunde gehen lassen. Anschließend die Cranberrys unterkneten.

3 Backofen auf 180 Grad Ober- und Unterhitze (160 Grad Umluft) vorheizen und ein Backblech mit Backpapier auslegen. Den Teig auf einer leicht bemehlten Arbeitsfläche 2–3 cm dick ausrollen. Aus dem Teig Quadrate von ca. 6 cm Kantenlänge ausschneiden und diese mit etwas Abstand auf das Blech setzen.

4 Backblech in den heißen Ofen schieben und die Stollenhappen 15–20 Minuten auf der mittleren Schiene backen. Übrige Butter schmelzen und die Stollenhappen nach Ende der Backzeit damit bepinseln. Vollständig auskühlen lassen.

5 Puderzucker sieben und mit Zitronensaft sowie 2–3 EL Wasser glatt verrühren. Die Stollenhappen dekorativ damit garnieren und mit Cranberrys verzieren. Zum Schluss leicht mit Puderzucker bestreuen. Möglichst frisch verzehren.

Für ca. 40 Stück:

Für den Teig:

- 500 g Weizenmehl (Type 405)
- 1 Würfel frische Hefe (42 g)
- 150 ml lauwarme Milch
- 100 g Zucker
- 225 g weiche Butter
- 150 g Magerquark
- 100 g getrocknete Cranberrys
- Mehl für die Arbeitsfläche

Zum Garnieren:

- 250 g Puderzucker
- 2–3 EL Zitronensaft
- 40 g getrocknete Cranberrys
- Puderzucker zum Bestäuben

Zubereitungszeit:
50 Min.

Ruhezeit:
1 Std. 15 Min.

Backzeit:
20 Min.

Nährwerte pro Stück:
136 kcal, 569 kJ,
2 g EW, 5 g F, 21 g KH

Schwedische Lussekatter

1 Safranfäden fein zerreiben und in ca. 2 EL Milch einweichen. 500 g Mehl in eine Schüssel sieben und in die Mitte eine Mulde drücken. 250 ml Milch mit Butter und Zucker in einen Topf geben. Hefe hineinbröseln und das Ganze erwärmen, dabei aber nicht kochen.

2 Hefemilch in die Mehlmulde gießen. Mit den Eiern und Safranmilch zu einem glatten Teig verkneten. Teig mit etwas Mehl bestäuben, mit einem Küchentuch bedecken und an einem warmen Ort ca. 1 Stunde gehen lassen.

3 Backofen auf 180 Grad Ober- und Unterhitze (160 Grad Umluft) vorheizen. Nach Ende der Gehzeit den Teig in 4 gleich große Portionen teilen und diese jeweils zu 1 cm dünnen Strängen rollen. Dann in jeweils 10 cm lange Portionen abstechen und s-förmig zusammenrollen.

4 Auf jedes Ende 1 Rosine stecken. Eigelb verquirlen und Teigschnecken damit bestreichen. Ein Backblech mit Backpapier auslegen und Gebäck darauflegen. In den heißen Ofen schieben und in 25–30 Minuten goldgelb backen.

Tipp

Lussekatter werden in Schweden traditionell zum Luciafest am 13. Dezember gebacken. An diesem Tag tragen junge Mädchen in weißen Kleidern und mit einem roten Band um die Taille einen Kerzenkranz auf dem Kopf.

Für ca. 20 Stück:

- 2 g Safranfäden
- ca. 250 ml Milch
- ca. 500 g Weizenmehl (Type 405)
- 75 g Butter
- 75 g Zucker
- 1 Würfel frische Hefe (42 g)
- 2 Eier (Größe M)
- 100 g Rosinen
- 1 Eigelb zum Bestreichen

Zubereitungszeit:
40 Min.

Ruhezeit:
1 Std.

Backzeit:
30 Min.

Nährwerte pro Stück:
168 kcal, 703 kJ,
4 g EW, 5 g F, 26 g KH

einfach & unwiderstehlich

Gewürz-Zimtsterne

1 Weiche Butter, Zucker und Ei in eine Rührschüssel geben und schaumig rühren. Salz, Lebkuchengewürz, Zimt und Mehl mischen und sieben, dann unter die Buttermasse rühren.

2 Den Teig zu einer Kugel formen und in Klarsichtfolie wickeln. Dann für ca. 1 Stunde in den Kühlschrank stellen.

3 Backofen auf 175 Grad Ober- und Unterhitze (155 Grad Umluft) vorheizen. Teig zwischen 2 Lagen Klarsichtfolie oder Backpapier ca. 1 cm dick ausrollen. Folie bzw. Papier entfernen und Sterne ausstechen.

4 Ein Backblech mit Backpapier auslegen. Die Plätzchen darauflegen und im heißen Ofen auf der mittleren Schiene 8–10 Minuten backen. Anschließend Gewürz-Zimtsterne herausnehmen, abkühlen lassen und mit Puderzucker bestäuben.

Tipp

50 g Mehl können auch durch gemahlene Mandeln ersetzt werden. Lecker schmeckt auch ein Guss. Dafür 3 EL Zitronensaft mit 200 g Puderzucker und 1 Msp. Zimt glatt rühren.

Für ca. 35 Stück:
120 g leichte Butter
(z. B. von Du darfst)
90 g Zucker
1 Ei (Größe M)
1 Prise Salz
3 TL Lebkuchengewürz
2 TL Zimtpulver
240 g Weizenmehl
(Type 405)
Puderzucker zum Bestäuben

Zubereitungszeit:
30 Min.
Kühlzeit:
1 Std.
Backzeit:
10 Min.

Nährwerte pro Stück:
44 kcal, 184 kJ,
1 g EW, 1 g F, 7 g KH

Macadamiaplätzchen

1 Butter mit Zucker und Salz schaumig schlagen. Vanilleschote mit einem spitzen Messer längs halbieren und Mark herausschaben. Vanillemark mit Zimt unter die Buttermasse rühren.

2 Mehl und Backpulver vermengen. Mit Nüssen und Ei unter die Buttermasse kneten. Den Teig zu einer Kugel formen und in Frischhaltefolie wickeln. 1 Stunde im Kühlschrank kalt stellen.

3 Backofen auf 180 Grad Ober- und Unterhitze (160 Grad Umluft) vorheizen und ein Backblech mit Backpapier auslegen. Walnussgroße Stücke vom Teig abstechen. Zu Kugeln formen und mit ca. 3 cm Abstand auf das Blech setzen.

4 Teigkugeln leicht flach drücken. Blech in den Ofen schieben und Plätzchen auf der mittleren Schiene ca. 15 Minuten backen.

5 Die fertig gebackenen Macadamiaplätzchen aus dem Ofen nehmen und abkühlen lassen. Mit Kokosraspeln bestreuen.

Tipp

Wer es schokoladig mag, taucht die Oberseiten der Plätzchen noch in geschmolzene Kuvertüre.

Für ca. 40 Stück:

- 175 g weiche Butter
- 100 g Zucker
- 1 Prise Salz
- 1 Vanilleschote
- 1 TL Zimtpulver
- 200 g Weizenmehl (Type 405)
- 1 TL Backpulver
- 150 g gehackte Macadamianüsse
- 1 Ei (Größe M)
- Kokosraspel zum Bestreuen

Zubereitungszeit:
30 Min.

Kühlzeit:
1 Std.

Backzeit:
15 Min.

Nährwerte pro Stück:
89 kcal, 372 kJ,
1 g EW, 7 g F, 6 g KH

Karamell-Walnuss-Busserl

1 Für den Teig Walnüsse mahlen. Mehl mit Speisestärke, Zucker, Vanillinzucker, Nelken und Kardamom in eine Rührschüssel geben. Walnüsse dazugeben und alles vermengen. Kalte Butter in Stückchen schneiden. Mit Ei und 3–4 EL Wasser zu den übrigen Teigzutaten geben. Alles mit einem Messer durchhacken, sodass sich trockene und feuchte Zutaten verbinden.

2 Den Teig dann rasch mit der Hand zu einem glatten Teig verkneten. Den Teig in Klarsichtfolie wickeln und 1 Stunde in den Kühlschrank legen.

3 Den Backofen auf 180 Grad Ober- und Unterhitze (160 Grad Umluft) vorheizen. Ein Backblech mit Backpapier auslegen. Aus dem gekühlten Teig mit leicht bemehlten Händen kirschgroße Kugeln formen. Auf das Blech setzen.

4 Mit einem Kochlöffelstiel je eine kleine Mulde in die Teigkugeln drücken. Dann das Blech in den heißen Ofen auf die mittlere Schiene schieben und die Plätzchen 18–20 Minuten backen. Anschließend wieder herausnehmen und die Kekse auskühlen lassen.

5 Den Zucker in einen kleinen Topf geben und bei milder Hitze erwärmen. Unter ständigem Rühren karamellisieren lassen. Schlagsahne, Honig und Rum zufügen und unter ständigem Rühren in 6–8 Minuten dicklich einköcheln lassen.

6 Die Walnüsse grob hacken und in einer Pfanne ohne Fettzugabe kurz rösten. Die Mulden der Kekse mit etwas Karamell füllen, Walnüsse daraufgeben und den übrigen Karamell darüberträufeln. Die Busserl erst verpacken, wenn der Karamell getrocknet ist.

Für ca. 50 Stück:

Für den Mürbeteig:

100 g Walnüsse
300 g Weizenmehl (Type 405)
50 g Speisestärke
120 g Zucker
1 Päckchen Vanillinzucker
je 1 gestr. TL Nelken- und Kardamompulver
225 g kalte Butter
1 Ei (Größe M)
Mehl für die Hände

Außerdem:

100 g Zucker
100 g Schlagsahne
2 EL Honig
2 EL Rum
50 g Walnüsse

Zubereitungszeit: 50 Min.

Kühlzeit: 1 Std.

Backzeit: 20 Min.

Nährwerte pro Stück:
101 kcal, 423 kJ,
1 g EW, 6 g F, 10 g KH

einfach & unwiderstehlich

Lebkuchenschnitten mit Mandeln

1 Zitronat und Orangeat fein hacken. Eier mit Zucker in eine Rührschüssel geben und mit den Quirlen des Handrührgerätes so lange rühren, bis die Masse dickschaumig ist.

2 Mandeln, Lebkuchengewürz, Zitronenschale sowie gehacktes Zitronat und Orangeat unter die Ei-Zucker-Mischung rühren. Backpulver und Mehl über den Teig sieben und glatt rühren. Ein Backblech mit Backpapier auslegen. Den Teig halbfingerdick daraufstreichen und über Nacht kühl stellen.

3 Den Backofen auf 180 Grad Ober- und Unterhitze (160 Grad Umluft) vorheizen. Das Blech in den Ofen schieben und auf der mittleren Schiene ca. 20 Minuten backen. Anschließend herausnehmen und auskühlen lassen. Lebkuchen in ca. 4 cm x 4 cm große Stücke schneiden.

Tipp

Wer mag, kann die erkalteten Lebkuchenstücke noch glasieren. Überziehen Sie die Hälfte der Lebkuchen mit 100 g Schokoladenglasur, die andere mit 100 g Zitronenglasur. Vor dem Verpacken dann unbedingt darauf achten, dass die Glasur fest ist; zwischen die einzelnen Schichten der Kuchen Pergamentpapier legen.
Auch gut: den Lebkuchenteig auf runde Oblaten geben, etwas flach drücken und so backen wie oben beschrieben.

Für ca. 30 Stück:
25 g Zitronat
25 g Orangeat
4 Eier (Größe M)
250 g Zucker
250 g ganze Mandeln
2 TL Lebkuchengewürz
2 TL abgeriebene Zitronenschale (unbehandelt)
½ TL Backpulver
250 g Weizenmehl (Type 405)

Zubereitungszeit:
30 Min.
Kühlzeit:
12 Std.
Backzeit:
20 Min.

Nährwerte pro Stück:
128 kcal, 536 kJ,
30 g EW, 6 g F, 16 g KH

einfach & unwiderstehlich

Schneemänner

1 Butter, Mehl, Haferflocken, Zucker, Vanillinzucker, Zitronenschale und Ei in eine Rührschüssel geben und gründlich verkneten. Zu einer Kugel formen und zugedeckt ca. 30 Minuten kühl stellen.

2 Danach den Teig auf einer bemehlten Arbeitsfläche ausrollen. Backofen auf 180 Grad Ober- und Unterhitze (160 Grad Umluft) vorheizen.

3 Aus dem Teig Kreise von 7 cm Durchmesser für Körper und 4 cm Durchmesser für Köpfe ausstechen. Je1 kleinen Kreis leicht überlappend auf 1 großen Kreis setzen und etwas andrücken. Korinthen als Knöpfe auf die „Bäuche" der Schneemänner setzen und in den oberen Kreis je 1 Pinienkern als Nase und 2 Korinthen als Augen drücken.

4 Kekse auf ein mit Backpapier ausgelegtes Backblech legen. Im heißen Ofen auf der mittleren Einschubleiste 10–12 Minuten backen.

5 Anschließend die Schneemänner auskühlen lassen. Hälfte des Puderzuckers mit etwas Wasser verrühren und mit Lebensmittelfarbe einfärben. Schneemänner mit restlichem Puderzucker bestäuben und mit farbigem Zuckerguss verzieren.

Tipp

Stechen Sie sofort nach dem Backen mit einem Schaschlickspieß je 1 Loch in die kleineren noch warmen Kreise. Dann können die Schneemänner auch als schöner Adventsschmuck an Sträuchern oder auch am Weihnachtsbaum verwendet werden.

Für ca. 30 Stück:

Für den Teig:

- 200 g Butter
- 200 g Weizenmehl (Type 405)
- 100 g zarte Haferflocken
- 100 g Zucker
- 1 Päckchen Vanillinzucker
- abgeriebene Schale von 1 Zitrone (unbehandelt)
- 1 Ei (Größe M)
- Mehl für die Arbeitsfläche

Zum Verzieren:

- 2–3 EL Korinthen
- 2 EL Pinienkerne
- 250 g Puderzucker
- rote Lebensmittelfarbe

Zubereitungszeit: 50 Min.

Kühlzeit: 30 Min.

Backzeit: 12 Min.

Nährwerte pro Stück: 142 kcal, 596 kJ, 2 g EW, 6 g F, 20 g KH

einfach & unwiderstehlich

Haferplätzchen

1 Backofen auf 180 Grad Ober- und Unterhitze (160 Grad Umluft) vorheizen. Rosinen waschen, abtropfen lassen und im Rum einweichen.

2 Butter in eine Rührschüssel geben. Mit Vanillezucker, Zucker und Salz mit den Quirlen eines Handrührgerätes glatt rühren. Das Ei einrühren. Die Haferflocken mit den gehackten Mandeln und dem Backpulver vermengen und zur Buttermischung geben. Das Ganze zu einem glatten Teig verkneten.

3 Rosinen aus dem Rum nehmen und in einem Sieb gut abtropfen lassen oder mit Küchenpapier trocken tupfen. Mit den ganzen Mandeln unter den Teig kneten.

4 Ein Backblech mit Backpapier belegen. Aus dem Teig kleine Kugeln formen und mit etwas Abstand auf das Backblech setzen. Im heißen Ofen auf der mittleren Schiene 10–15 Minuten goldgelb backen.

5 Nach Ende der Backzeit das Blech aus dem Ofen nehmen. Kekse auf ein Kuchengitter setzen und darauf auskühlen lassen.

Tipp

Alternativ können die Rosinen auch in Apfelsaft eingeweicht werden. Dann können sie auch bedenkenlos von Kindern gegessen werden.

Für ca. 40 Stück:
60 g Rosinen
8 cl Rum
200 g weiche Butter
2 TL Vanillezucker
200 g Zucker
1 Prise Salz
1 Ei (Größe M)
300 g Haferflocken
100 g gehackte Mandeln
1 TL Backpulver
50 g ganze Mandeln

Zubereitungszeit:
30 Min.
Backzeit:
15 Min.

Nährwerte pro Stück:
115 kcal, 481 kJ,
2 g EW, 7 g F, 11 g KH

Marzipankugeln

1 Backofen auf 175 Grad Ober- und Unterhitze (155 Grad Umluft) vorheizen. 50 g Macadamianüsse mahlen. Mit Marzipanrohmasse, abgeriebener Orangenschale und 50 g Puderzucker zu einem glatten Teig kneten.

2 Ein Backblech mit Backpapier belegen. Eiweiß verschlagen. Aus dem Marzipanteig 20 kleine Kugeln formen und diese auf das Blech setzen. Mit Eiweiß bestreichen.

3 Die übrigen Macadamianüsse halbieren und jeweils 3 Macadamiahälften auf 1 Kugel setzen. Im heißen Ofen auf der mittleren Schiene in 12–14 Minuten goldgelb backen. Auf einem Kuchengitter abkühlen lassen.

4 Zartbitterkuvertüre in Stücke schneiden und unter Rühren im heißen Wasserbad schmelzen. Macadamiakugeln auf eine Gabel legen und vorsichtig von unten halb in die Kuvertüre tauchen. Etwas abtropfen lassen und zum Trocknen vorsichtig auf ein Stück Backpapier setzen. Mit etwas Puderzucker bestäuben.

Tipp

Macadamianüsse stammen aus Australien, sind aber heute auch bei uns sehr beliebt. Nicht zuletzt, weil der Anbau kompliziert und die Weiterverarbeitung relativ aufwendig ist, wird diese gern auch als „Königin der Nüsse“ bezeichnet.

Für ca. 20 Stück:
- 120 g ungesalzene Macadamianüsse
- 200 g Marzipanrohmasse
- 1 TL abgeriebene Orangenschale (unbehandelt)
- 75 g Puderzucker
- 2 Eiweiß (Größe M)
- 70 g Zartbitterkuvertüre

Zubereitungszeit:
30 Min.

Backzeit:
14 Min.

Nährwerte pro Stück:
141 kcal, 590 kJ,
7 g EW, 9 g F, 10 g KH

einfach & unwiderstehlich

Spekulatiusherzen (Abb. S. 27)

1 Mandeln und Mehl durch ein Sieb in eine Rührschüssel stäuben. Zucker, Eigelb, Zimt, Kardamom, Nelken, Muskatnuss und Meersalz zugeben und verrühren. Butter zugeben und Zutaten zügig zu einem glatten Teig verarbeiten. Abdecken und 1–2 Stunden in den Kühlschrank stellen.

2 Backofen auf 180 Grad Ober- und Unterhitze (160 Grad Umluft) vorheizen. Auf einer mit Mehl bestäubten Arbeitsfläche den Teig 3–5 mm dick ausrollen und Herzen ausstechen. Eigelb mit etwas Milch verschlagen und die Herzen damit bestreichen. Mit Mandelblättchen garnieren.

3 Ein Backblech mit Backpapier auslegen. Herzen daraufgeben, in den heißen Backofen schieben und auf der mittleren Schiene 8–10 Minuten backen. Anschließend herausnehmen und Spekulatiusherzen kurz ausdampfen lassen. Dann auf einem Kuchengitter vollständig auskühlen lassen.

Tipp

Kaufen Sie die Gewürze am besten erst kurz vor der Backsaison in kleinen Mengen, da sie sonst an Aroma verlieren.

Für ca. 70 Stück:

- 50 g gemahlene Mandeln
- 220 g Dinkelmehl (Type 630, z. B. von Alnatura)
- 100 g Rohrohrzucker
- 20 g Vollrohrzucker
- 2 Eigelb (Größe M)
- 1 TL Zimtpulver
- 3 Msp. Kardamompulver
- 3 Msp. Nelkenpulver
- 1 Msp. Muskatnuss, frisch gerieben
- 1 Prise Meersalz
- 100 g Butter
- Mehl für die Arbeitsfläche
- 1 Eigelb und etwas Milch zum Bestreichen
- 100 g Mandelblättchen zum Garnieren

Zubereitungszeit:
40 Min.
Kühlzeit:
2 Std.
Backzeit:
10 Min.

Nährwerte pro Stück:
39 kcal, 163 kJ,
1 g EW, 2 g F, 4 g KH

schokoladig-gut

Schoko-Macadamia-Würfel

1 Backofen auf 160 Grad Ober- und Unterhitze (140 Grad Umluft) vorheizen. Zartbitterkuvertüre in Stücke schneiden und im Wasserbad nach Packungsanleitung schmelzen. 75 g Macadamianüsse fein hacken, 50 g Macadamias halbieren und vierteln.

2 Eier trennen und Eiweiß steif schlagen. Die weiche Butter und den Zucker weißschaumig rühren. Eigelbe nacheinander unterrühren, bis die Masse weißcremig und der Zucker gelöst ist. Geschmolzene Kuvertüre unterrühren.

3 Mehl, Kakao, gehackte Macadamianüsse und Backpulver mischen, zum Teig geben und kurz verrühren. Den Eischnee vorsichtig unterheben.

4 Eine quadratische Backform (22 cm Kantenlänge) mit Backpapier auslegen. Den Teig einfüllen und das Ganze im heißen Ofen ca. 25 Minuten backen. Der Teig sollte noch leicht feucht sein. Auskühlen lassen und dann aus der Form lösen.

5 Übrige Kuvertüre in Stücke schneiden und im Wasserbad schmelzen. Gebäck mit Kakao bestäuben. Mit einem scharfen Messer vorsichtig in 4 cm x 4 cm große Würfel schneiden.

6 Kuvertüre in einen Gefrierbeutel füllen. Die äußerste Spitze abschneiden und die Würfel mit Kuvertüre und den übrigen Macadamianüssen garnieren. Vor dem Verpacken Kuvertüre fest werden lassen.

Für ca. 25 Stück:
- 200 g Zartbitterkuvertüre
- 175 g ungesalzene Macadamianüsse (z. B. aus Australien)
- 4 Eier (Größe M)
- 100 g weiche Butter
- 100 g Zucker
- 75 g Weizenmehl (Type 405)
- 25 g Kakaopulver
- 1 TL Backpulver

Außerdem:
- 100 g Zartbitterkuvertüre
- 3 EL Kakaopulver

Zubereitungszeit:
50 Min.

Backzeit:
25 Min.

Nährwerte pro Stück:
173 kcal, 724 kJ,
4 g EW, 11 g F, 14 g KH

schokoladig-gut

Schoko-Kokos-Kugeln

1 Kuvertüre hacken. Sahne mit Kokosmilch in einen Topf geben und aufkochen, danach Hitze sofort reduzieren. Gehackte Kuvertüre zugeben und unter ständigem Rühren schmelzen lassen. Anschließend das Ganze etwas abkühlen lassen.

2 Butter mit Kakaopulver in eine Rührschüssel geben und schaumig schlagen. Dann unter die abgekühlte Kuvertürecreme rühren. Abdecken und für mindestens 1 Stunde kalt stellen.

3 Nach Ende der Kühlzeit am besten mit einem Teelöffel ca. 40 Portionen von der Kuvertürecreme abstechen. Kugeln formen. Kakaopulver und Kokosraspel auf 2 Teller geben. Kugeln jeweils zuerst im Kakao und dann in den Kokosraspeln wälzen.

4 Schoko-Kokos-Kugeln nochmals erkalten bzw. fest werden lassen. In einer luftdicht verschließbaren Box dunkel und kühl gelagert aufbewahren.

Tipp

Wichtig ist es, auf die Qualität der Schokolade zu achten. Je besser die Kuvertüre, desto edler auch die Praline.

Für ca. 40 Stück:
- 250 g Halbbitterkuvertüre (50 % Kakaogehalt)
- 200 g Vollmilchkuvertüre (30 % Kakaogehalt)
- 150 g Schlagsahne
- 50 ml cremige Kokosmilch
- 100 g weiche Butter
- 3 EL Kakaopulver
- 75 g Kokosraspel

Zubereitungszeit:
30 Min.
Kühlzeit:
1 Std.

Nährwerte pro Stück:
88 kcal, 368 kJ,
2 g EW, 6 g F, 8 g KH

54 Schokoplätzchen mit weißer Schokolade

1 Backofen auf 180 Grad Ober- und Unterhitze (160 Grad Umluft) vorheizen. Margarine und beide Sorten Zucker in eine Schüssel geben und schaumig schlagen. Eier, Mehl, Backpulver und Kakaopulver unterrühren. Schokolade grob hacken und in den Teig geben.

2 Mit einem Teelöffel kleine Portionen Teig in Kugeln auf ein mit Backpapier ausgelegtes Backblech setzen. Dabei reichlich Abstand lassen, da die Plätzchen beim Backen noch etwas auseinanderlaufen.

3 Das Blech in den heißen Ofen schieben und die Plätzchen ca. 10 Minuten backen. Danach herausnehmen und abkühlen lassen.

Tipp

Die weiße Schokolade kann nach Geschmack auch durch die gleiche Menge dunkle Schokolade ersetzt werden.

Für ca. 60 Stück:
250 g Margarine (z. B. von Sanella)
200 g brauner Zucker
150 g weißer Zucker
3 Eier (Größe M)
300 g Weizenmehl (Type 405)
1 TL Backpulver
60 g Kakaopulver
je 150 g Zartbitter- und weiße Schokolade

Zubereitungszeit:
30 Min.
Backzeit:
10 Min.

Nährwerte pro Stück:
102 kcal, 427 kJ,
1 g EW, 5 g F, 12 g KH

schokoladig-gut

Magenbrot-Schnitten

1 Honig mit Butter und Zucker in einen Topf geben und unter Rühren erwärmen, bis sich der Zucker aufgelöst hat. Dann etwas abkühlen lassen. Das Ei unter die Honigmasse rühren.

2 Mehl mit Kakao, Zimt, Nelken, Kardamom und Muskatnuss mischen und nach und nach unter die Honigmasse kneten. Die Pottasche in Rosenwasser auflösen und unterkneten. Den Teig zu einer Kugel formen, in Frischhaltefolie wickeln und für 1 Stunde kalt stellen.

3 Backofen auf 180 Grad Ober- und Unterhitze (160 Grad Umluft) vorheizen. Ein Backblech fetten und den Teig darauf ausrollen. In den heißen Ofen schieben und den Teig auf der mittleren Schiene ca. 20 Minuten backen. Anschließend aus dem Ofen nehmen und vollständig auskühlen lassen.

4 Kaffeepulver in 3 EL heißem Wasser und Rum auflösen. Kokosfett und Puderzucker zugeben und glatt rühren. Magenbrot damit bestreichen und trocknen lassen.

5 Das Magenbrot mit einem scharfen Messer in ca. 8 cm x 1,5 cm große Streifen oder in ca. 3,5 cm große Quadrate schneiden und vom Blech nehmen. Für Quadrate Puderzucker und Zitronensaft dicklich anrühren. Je 1 kleinen Klecks Guss auf jedes Magenbrotquadrat geben und jeweils 1 Mokkabohne aufsetzen.

Tipp

Rosenwasser ist u. a. eine wichtige Zutat für die Herstellung von Marzipan. Sie erhalten es in der Apotheke.

Für ca. 45 Stück:
200 g Honig
50 g Butter
100 g Rohrzucker
1 Ei (Größe M)
500 g Weizenmehl (Type 405)
1 EL Kakaopulver
½ TL Zimtpulver
½ TL Nelkenpulver
½ TL Kardamompulver
1 Prise Muskatnuss, frisch gerieben
2 TL Pottasche
3 EL Rosenwasser
Fett für das Blech
2 TL lösliches Kaffeepulver, 2 cl Rum
20 g weiches Kokosfett
150 g Puderzucker

Für die Variante der Quadrate:
40 g Puderzucker
1 TL Zitronensaft
ca. 45 Schoko-Mokkabohnen

Zubereitungszeit:
40 Min.
Kühlzeit:
1 Std.
Backzeit:
20 Min.

Nährwerte pro Stück:
88 kcal, 368 kJ,
1 g EW, 2 g F, 16 g KH

Schoko-Nuss-Makronen

1 Backofen auf 180 Grad Ober- und Unterhitze (160 Grad Umluft) vorheizen. Die Walnüsse in einer Pfanne ohne die Zugabe von Fett kurz rösten und anschließend im Mixer zerkleinern. Zartbitterschokolade in Stückchen schneiden und im Mixer zerbröseln.

2 Marzipanrohmasse in Stückchen schneiden und mithilfe einer Gabel 1 Eiweiß untermengen, sodass eine geschmeidige Masse entsteht. Restliches Eiweiß steif schlagen und den Zucker nach und nach einrieseln lassen.

3 Ein Drittel des Eischnees mit Orangenschale und Kakao unter die Marzipanmasse rühren. Dann übrigen Eischnee, Walnüsse und Schokolade vorsichtig unterheben.

4 Ein Backblech mit Backpapier belegen. Die Oblaten darauflegen. Mit 2 Teelöffeln Häufchen der Walnussmasse auf die Oblaten setzen.

5 Das Blech in den heißen Ofen schieben und Makronen ca. 20 Minuten backen. Nach Ende der Backzeit die Makronen herausnehmen und auskühlen lassen.

Tipp

Achten Sie darauf, dass der Eischnee möglichst steif ist. Denn nur so wird der Teig – und damit auch die leckeren Makronen – schön luftig.

Für ca. 35 Stück:
- 250 g kalifornische Walnüsse
- 100 g Zartbitterschokolade
- 100 g weiche Marzipanrohmasse
- 3 Eiweiß (Größe M)
- 80 g feiner Zucker
- 1 TL abgeriebene Orangenschale (unbehandelt)
- 2 TL Kakaopulver, gesiebt
- 35 Backoblaten (4 cm Durchmesser)

Zubereitungszeit:
50 Min.

Backzeit:
20 Min.

Nährwerte pro Stück:
87 kcal, 364 kJ,
2 g EW, 6 g F, 7 g KH

schokoladig-gut

Wiener Sacherwürfel

1 Backofen auf 200 Grad Ober- und Unterhitze (180 Grad Umluft) vorheizen. Zartbitterkuvertüre grob hacken und in einer Rührschüssel aus Metall im heißen Wasserbad unter Rühren schmelzen lassen.

2 Butter mit Orangenschale und Puderzucker schaumig rühren. Eier trennen und nach und nach Eigelb in die Buttermasse einrühren. Alles zu einer hellen, schaumigen Masse aufschlagen. Dann die Kuvertüre unterrühren.

3 Eiweiß mit Salz steif schlagen, dabei den Zucker einrieseln lassen. Mehl und Speisestärke über die Kuvertüremasse sieben und unterrühren. Eischnee unterheben.

4 Eine rechteckige ofenfeste Form (ca. 15 cm x 20 cm) mit Backpapier auslegen und die Masse darauf verstreichen. Im heißen Backofen auf der mittleren Schiene 12–15 Minuten backen.

5 Form aus dem Ofen nehmen und den Kuchen mit Grand Marnier beträufeln. Etwas abkühlen lassen, dann aus der Form stürzen und den Kuchen vollständig auskühlen lassen. Den Kuchen in ca. 2,5 cm große Würfel schneiden.

6 Für die Glasur Kuvertüre zerkleinern und mit Kuchenglasur in einer Metallschüssel im heißen Wasserbad schmelzen. Kuchenwürfel mithilfe einer Pralinengabel in die Schokoladenmasse eintauchen, dann gut abtropfen und auf Backpapier trocknen lassen.

7 Für die Garnitur weiße Schokolade hacken und im heißen Wasserbad unter Rühren schmelzen. Dann in einen kleinen Gefrierbeutel füllen, eine kleine Ecke abschneiden und auf Backpapier Schneekristalle spritzen. Fest werden lassen. Wiener Sacherwürfel damit vor dem Servieren garnieren.

Für ca. 35 Stück:
- 75 g Zartbitterkuvertüre
- 75 g weiche Butter
- 2 TL abgeriebene Orangenschale (unbehandelt)
- 2 EL Puderzucker
- 3 Eier (Größe M)
- 1 Prise Salz
- 50 g Zucker
- 50 g Weizenmehl (Type 405)
- 1 EL Speisestärke
- 2 cl Grand Marnier

Zum Garnieren:
- 125 g dunkle Kuvertüre
- 100 g dunkle Kuchenglasur
- 100 g weiße Schokolade

Zubereitungszeit:
40 Min.

Backzeit:
15 Min.

Nährwerte pro Stück:
89 kcal, 372 kJ,
2 g EW, 4 g F, 11 g KH

schokoladig-gut

Ingwer-Nuss-Trüffel

1 400 g Zartbitterkuvertüre in Stückchen schneiden. Mit Butter, Kokosfett und Sahne in einen Topf geben und bei milder Hitze unter Rühren schmelzen lassen. Die Masse kalt stellen, bis sie fast fest ist; dies dauert ca. 6 Stunden.

2 Schokoladenmasse mit den Quirlen des Handrührgerätes cremig aufschlagen. 100 g Walnüsse leicht rösten und sehr fein hacken. Kandierten Ingwer sehr fein würfeln.

3 Die gehackten Walnüsse und Ingwer vermengen, 3–4 EL davon abnehmen und beiseitestellen. Übrige Walnuss-Ingwer-Mischung gründlich unter die Trüffelmasse mengen. Das Ganze abdecken und nochmals 1–2 Stunden kühl stellen.

4 Etwas von der abgenommenen Walnuss-Ingwer-Mischung in die Handfläche streuen und darin aus der Trüffelmasse kirschgroße Kugeln formen. Auf ein Tablett setzen und über Nacht kühl stellen.

5 Übrige Kuvertüre in Stücke schneiden und in eine Metallschüssel geben. In einem heißen Wasserbad unter Rühren schmelzen. 3–4 EL davon in einen Spritzbeutel mit sehr feiner Lochtülle füllen.

6 Die Trüffelkugeln zur Hälfte in die Kuvertüre tauchen, auf ein Gitter setzen und die Trüffel mit einem Schokoladengitter verzieren. Übrige Walnüsse grob hacken und jeden Trüffel mit einem Walnusssplitter garnieren. Trüffel mit etwas Kakaopulver bestäuben und anschließend kühl aufbewahren.

Für ca. 50 Stück:
550 g Zartbitterkuvertüre
25 g Butter
25 g Kokosfett
100 g Schlagsahne
125 g Walnüsse
50 g kandierter Ingwer
Kakaopulver zum Bestäuben

Zubereitungszeit:
1 Std.

Kühlzeit:
6 Std. + 2 Std. + 12 Std.

Nährwerte pro Stück:
92 kcal, 385 kJ,
2 g EW, 7 g F, 7 g KH

Mozartstangen (Abb. S. 49 rechts)

1 Marzipan mit Puderzucker, Zitronenöl und abgeriebener Zitronenschale verkneten. Die Masse auf eine mit Puderzucker bestäubte Arbeitsfläche geben und dünn ausrollen.

2 Trüffel-Nugat in insgesamt ca. 20 gleich große Stücke teilen. Den ausgerollten Marzipan in dazu passende Stücke schneiden. Die Marzipanränder mit Zitronensaft bestreichen. Trüffelstücke darauflegen und das Ganze jeweils zu einer Rolle einwickeln.

3 Für die Glasur die Bitterschokolade in eine Metallschüssel geben und im heißen Wasserbad schmelzen. Marzipanstangen in die Schokolade legen, vorsichtig umdrehen und mit einer Gabel wieder herausholen. Abtropfen lassen, auf Küchenpapier setzen und vor dem Servieren 1 Stunde kühl stellen.

Tipp

Extrafein sind auch Kokosberge (Abb. S. 49 links). Dafür den Backofen auf 175 Grad Ober- und Unterhitze (155 Grad Umluft) vorheizen. Für den Teig 2 Eier mit 150 g Rohrohrzucker und 2 Msp. Bourbon-Vanille schaumig rühren. Dann 300 g Kokosraspel unterziehen. Mit feuchten Händen daraus kleine Berge formen. Auf ein mit Backpapier belegtes Blech setzen und im heißen Ofen ca. 13 Minuten backen. Danach auskühlen lassen. 50 g Vollmilchschokolade schmelzen und die Spitzen der Kokosberge mit dünnen Schokolinien verzieren.

Für ca. 20 Stück:

Für die Stangen:
150 g Marzipan
50 g Puderzucker
4 Tropfen Zitronenöl
abgeriebene Schale von ½ Zitrone (unbehandelt)
Puderzucker für die Arbeitsfläche
100 g Trüffel-Nugat (z. B. von Alnatura)
Saft von ½ Zitrone

Für die Glasur:
200 g feine Bitterschokolade

Zubereitungszeit:
35 Min.

Kühlzeit:
1 Std.

Nährwerte pro Stück:
125 kcal, 523 kJ,
2 g EW, 6 g F, 17 g KH

gefüllt

Fruchtige Husarenkrapfen

1 Walnüsse fein mahlen. Mehl mit Zucker, Vanillinzucker, Piment und Walnüssen in einer Rührschüssel vermischen.

2 Butter in Stückchen sowie Eigelb daraufgeben. Mit einem Messer durchhacken, sodass sich trockene und feuchte Teile verbinden. Dann alles schnell mit den Händen zu einem glatten Teig verkneten.

3 Ein Backblech mit Backpapier belegen. Aus dem Teig walnussgroße Kugeln formen und diese auf das Blech setzen. In jede Kugel mit einem Kochlöffelstiel eine Mulde drücken. Backblech 1 Stunde in den Kühlschrank stellen.

4 Den Backofen auf 200 Grad Ober- und Unterhitze (180 Grad Umluft) vorheizen. Gelee erwärmen und in jede Teigmulde etwas Gelee träufeln. Restliches Gelee beiseitestellen. Husarenkrapfen im heißen Ofen 12–15 Minuten backen.

5 Getrocknete Cranberrys hacken und mit dem übrigen Gelee mischen. Gelee einmal aufkochen und nach Ende der Backzeit in die Mulden der Plätzchen füllen. Plätzchen mit Puderzucker bestäuben.

Tipp

Das Gelee ist ganz einfach selbst herzustellen. Dafür 100 g getrocknete Cranberrys fein hacken und mit 300 g Gelierzucker in einem Topf mischen. 300 ml Cranberrysaft, 100 ml Rotwein, 1 kleine Zimtstange und 1 Vanilleschote zugeben und verrühren. Zugedeckt 1–2 Stunden durchziehen lassen. Danach alles unter Rühren erhitzen und 4 Minuten sprudelnd kochen lassen. Saubere Twist-off-Gläser randvoll füllen und verschließen.

Für ca. 24 Stück:

Für den Teig:
- 50 g Walnüsse
- 170 g Weizenmehl (Type 405)
- 50 g Zucker
- 1 Päckchen Vanillinzucker
- 1 Prise Pimentpulver
- 100 g Butter
- 1 Eigelb (Größe M)

Außerdem:
- 100 g Cranberrygelee
- 30 g getrocknete Cranberrys
- Puderzucker zum Bestäuben

Zubereitungszeit: 50 Min.
Kühlzeit: 1 Std.
Backzeit: 15 Min.

Nährwerte pro Stück:
99 kcal, 414 kJ, 1 g EW, 5 g F, 12 g KH

gefüllt

Gefüllte Kürbiskernkekse

1 Backofen auf 200 Grad Ober- und Unterhitze (180 Grad Umluft) vorheizen. Kürbiskerne in einer Pfanne ohne Fett leicht anrösten, abkühlen lassen und im Mixer fein mahlen. Mit Mehl, 100 g Zucker, Vanillezucker, Salz und Zitronenschale vermischen.

2 Ein Backblech mit Backpapier belegen. Eiweiß mit restlichem Zucker steif schlagen. Zuerst Mehlmischung, dann zerlassene Butter vorsichtig unterziehen. In einen Spritzbeutel mit Lochtülle füllen und Tupfer von ca. 2 cm Durchmesser auf das Blech spritzen.

3 Kekse 10–12 Minuten auf der mittleren Schiene im heißen Ofen backen, dabei nicht zu dunkel werden lassen. Herausnehmen und abkühlen lassen.

4 Johannisbeergelee mit Rum verrühren und auf die Unterseite der Hälfte der Kekse streichen. Jeweils einen zweiten Keks aufsetzen und etwas andrücken. Kuvertüre über einem heißen Wasserbad schmelzen und Kekse zur Hälfte darin eintauchen. Auf einem Kuchengitter trocknen lassen.

Tipp

Wenn Kinder mitessen, lassen Sie den Rum weg.

Für ca. 60 Stück:
- 200 g Kürbiskerne
- 125 g Weizenmehl (Type 1050, z. B. von Aurora)
- 200 g Zucker
- 1 Päckchen Vanillezucker
- 1 Prise Salz
- abgeriebene Schale von ½ Zitrone (unbehandelt)
- 7 Eiweiß (Größe M)
- 100 g Butter, zerlassen
- 200 g Rotes Johannisbeergelee
- 2 EL Rum
- 200 g dunkle Kuvertüre

Zubereitungszeit:
30 Min.
Backzeit:
12 Min.

Nährwerte pro Stück:
77 kcal, 323 kJ,
2 g EW, 3 g F, 9 g KH

gefüllt

Schokomeringuen mit Cremefüllung

1 Backofen auf 120 Grad Ober- und Unterhitze (100 Grad Umluft) vorheizen. Für die Schokoladenbaisers 100 g Puderzucker und das Kakaopulver sieben und miteinander vermengen. Das Eiweiß steif schlagen, dabei den restlichen Puderzucker nach und nach einrieseln lassen. Zum Schluss die Kakao-Zucker-Mischung einrühren.

2 Ein Backblech mit Backpapier belegen. Die Eiweißmasse mithilfe eines Spritzbeutels in kleinen Tupfen darauf verteilen. Im Ofen 1 Stunde trocknen lassen.

3 In der Zwischenzeit Sahne mit Honig zum Kochen bringen. Die Schokolade hacken und in der heißen Sahne auflösen, dann die Sahne etwas abkühlen lassen. Nun nach und nach die Butter in kleinen Stückchen einrühren und so lange weiterrühren, bis die Masse komplett abgekühlt ist.

4 Die Hälfte der Baisers auf der flachen Seite mit der Creme bestreichen. Die übrigen Baisers mit der flachen Seite daraufsetzen und andrücken.

Tipp

Die Meringuen sollten vor dem Verpacken vollständig getrocknet sein, damit die Kekse sich gut halten. Luftdicht verpackt aufbewahren.

Für ca. 30 Stück:

Für das Baiser:
- 220 g Puderzucker
- 1 gestr. EL Kakaopulver
- 4 Eiweiß (Größe M)

Für die Füllung:
- 250 g Schlagsahne
- 1 EL Honig
- 200 g Zartbitterschokolade
- 50 g kalte Butter

Zubereitungszeit: 25 Min.

Backzeit: 1 Std.

Nährwerte pro Stück: 106 kcal, 443 kJ, 1 g EW, 6 g F, 11 g KH

gefüllt

Gefüllte Feigen-Walnuss-Herzen

1 Für den Teig die Walnüsse in einer Pfanne ohne Fettzugabe kurz rösten. Anschließend in den Mixer oder Blitzhacker geben und fein mahlen. Mehl mit Kakao, Walnüssen, Zucker, Vanillezucker und Muskatnuss in einer Schüssel mischen.

2 Eigelb, Butter in Stückchen und 1–2 EL kaltes Wasser zur Mehlmischung geben. Das Ganze mit einem Messer durchhacken, sodass trockene Krümel entstehen. Dann alles rasch mit der Hand zu einem glatten Teig verkneten. Den Teig in Folie wickeln und 30–60 Minuten in den Kühlschrank legen.

3 Backofen auf 180 Grad Ober- und Unterhitze (160 Grad Umluft) vorheizen. Ein Backblech mit Backpapier auslegen. Teig auf leicht bemehlter Arbeitsfläche 2–3 mm dick ausrollen. Herzen ausstechen und auf das vorbereitete Blech legen.

4 Die Herzen in den heißen Ofen schieben und 8–10 Minuten backen. Anschließend herausnehmen und die Herzen auf einem Kuchengitter auskühlen lassen.

5 Die Hälfte der Herzen mit Feigenkonfitüre bestreichen und ein zweites Herz daraufsetzen. Zartbitterkuvertüre in Stücke schneiden und über einem heißen Wasserbad schmelzen. Walnüsse hacken.

6 Die Herzen mit der Kuvertüre überziehen und mit Walnüssen garnieren. Wenn die untere Kuvertüre fest ist, zum Schluss noch etwas Kuvertüre in Linien über die Plätzchen laufen lassen.

Für ca. 45 Stück:

Für den Teig:
- 100 g kalifornische Walnüsse
- 250 g Weizenmehl (Type 405)
- 2 EL Kakaopulver
- 100 g feiner Zucker
- 2 Päckchen Bourbon-Vanillezucker
- 1 Prise Muskatnuss, frisch gerieben
- 2 Eigelb (Größe M)
- 200 g Butter
- Mehl für die Arbeitsfläche

Außerdem:
- 120 g Feigenkonfitüre (alternativ Aprikosenkonfitüre)
- 200 g Zartbitterkuvertüre
- 30 g Walnüsse

Zubereitungszeit: 50 Min.
Kühlzeit: 1 Std.
Backzeit: 10 Min.

Nährwerte pro Stück: 117 kcal, 490 kJ, 2 g EW, 7 g F, 11 g KH

gefüllt

Marzipankonfekt mit Datteln

1 Gehackte Mandeln in einer beschichteten Pfanne ohne Zugabe von Fett goldgelb rösten. Mit 1–2 EL Puderzucker bestäuben und karamellisieren lassen. Zum Auskühlen auf ein Stück Alufolie geben. Danach gegebenenfalls hacken, falls die Stücke aneinanderkleben.

2 Die Marzipanrohmasse mit Orangenlikör und dem restlichen Puderzucker verkneten und in ca. 20 Stücke teilen. Datteln halbieren und Steine entfernen.

3 Je 1 Dattelhälfte zu zwei Dritteln mit 1 Marzipanstück umhüllen und die Masse gut andrücken. Dann das Konfekt in die karamellisierten Mandeln legen und leicht hineindrücken, sodass die Mandeln am Marzipan haften.

4 Marzipankonfekt in Pralinenhüllen aus Papier setzen. In einer Blechdose aus Metall an einem kühlen Ort lagern.

Tipp

Geschmacklich passen zu diesem Konfekt auch andere Nüsse; lecker sind für dieses Rezept auch gehackte Walnüsse oder Pekannüsse. Außerdem kann der Puderzucker auch durch braunen Zucker ersetzt werden, das Ganze wird dann noch aromatischer im Geschmack.

Für ca. 20 Stück:
150 g gehackte Mandeln
80 g Puderzucker
250 g Marzipanrohmasse
2 EL Orangenlikör
10 Datteln

Zubereitungszeit:
25 Min.

Nährwerte pro Stück:
136 kcal, 569 kJ,
3 g EW, 8 g F, 12 g KH

gefüllt

Gefüllte Cranberryplätzchen

1 Mehl, Zucker und Vanillezucker in eine Rührschüssel geben und vermischen. Die Butter in Stückchen daraufgeben. Das Ganze rasch zu einem glatten Teig verkneten. Teig in Folie gewickelt 30 Minuten in den Kühlschrank legen.

2 Backofen auf 180 Grad Ober- und Unterhitze (160 Grad Umluft) vorheizen. Teig auf einer leicht bemehlten Arbeitsfläche ca. 3 mm dick ausrollen. Runde Plätzchen mit 4–5 cm Durchmesser ausstechen. Auf 2 mit Backpapier ausgelegte Backbleche legen.

3 Bleche in den heißen Ofen schieben und die Plätzchen 10–12 Minuten backen. Aus dem Ofen nehmen und auf einem Kuchengitter auskühlen lassen.

4 Für die Füllung 40 g Cranberrys sehr fein hacken. Weiche Butter mit Puderzucker und Kirschwasser glatt rühren. Cranberrys untermischen. Jeweils ein Plätzchen mit der Buttercreme bestreichen, ein zweites daraufsetzen, dabei leicht andrücken. 1 Stunde kühl stellen.

5 Vollmilchkuvertüre fein hacken, in eine Rührschüssel aus Metall geben und in einem heißen Wasserbad unter Rühren schmelzen. Gefüllte Plätzchen mit Kuvertüre und übrigen Cranberrys verzieren.

Tipp

Wer es herber mag, ersetzt die Vollmilchkuvertüre durch Halbbitterkuvertüre. Auch weiße Kuvertüre passt sehr gut.

Für ca. 55 Stück:

Für den Teig:
- 300 g Weizenmehl (Type 405)
- 100 g Zucker
- 2 Päckchen Bourbon-Vanillezucker
- 200 g Butter
- Mehl für die Arbeitsfläche

Für die Füllung und zum Garnieren:
- 70 g getrocknete Cranberrys
- 125 g weiche Butter
- 2 EL Puderzucker
- 1 TL Kirschwasser (alternativ Kirschsaft)
- 150 g Vollmilchkuvertüre

Zubereitungszeit: 1 Std.

Kühlzeit: 90 Min.

Backzeit: 10 Min.

Nährwerte pro Stück: 89 kcal, 372 kJ, 1 g EW, 6 g F, 9 g KH

gefüllt

Espresso-Walnuss-Cookies

1 Backofen auf 180 Grad Ober- und Unterhitze (160 Grad Umluft) vorheizen. Butter und Zucker in eine Rührschüssel geben und mit den Quirlen des Handrührgerätes schaumig schlagen.

2 Mehl mit Backpulver mischen und sieben. Zusammen mit dem Ei in die Rührschüssel geben. Walnüsse hacken und 40 g davon mit dem Espressopulver unter den Teig heben.

3 Ein Backblech mit Backpapier belegen. Aus dem Teig ca. 30 kleine Kugeln formen und in den restlichen Walnüssen wälzen. Mit Abstand auf das Backblech setzen und leicht flach drücken.

4 Cookies auf der mittleren Schiene im heißen Backofen ca. 10 Minuten backen. Anschließend herausnehmen und etwas auskühlen lassen. Zartbittercreme auf die flachen Seiten der Hälfte der Cookies auftragen und die übrigen jeweils daraufsetzen.

Tipp

Zum Aufbewahren setzen Sie diese Espresso-Walnuss-Cookies am besten nebeneinander in eine Blechdose. Zum Stapeln legen Sie jeweils 1 Pergament- bzw. Backpapierschicht dazwischen.

Für ca. 15 Stück:
Für den Teig:
100 g weiche Butter
70 g Rohrohrzucker
110 g Dinkelmehl (Type 1050)
1 geh. TL Weinsteinbackpulver
1 Ei (Größe S)
60 g Walnüsse
2 TL lösliches Espressopulver
Für die Füllung:
100 g Zartbittercreme (z. B. von Alnatura)

Zubereitungszeit:
40 Min.
Backzeit:
10 Min.

Nährwerte pro Stück:
135 kcal, 565 kJ,
2 g EW, 9 g F, 11 g KH

gefüllt

Register

Bildnachweis

Alnatura: 5, 13, 21, 27, 49, 65, 79; Aurora: 25, 69; Australische Macadamias: 47, 51; California Walnut Commission: 11, 29, 39, 59, 63, 73; Cranberry Marketing Committee: 10, 31, 67, 77; Du darfst: 35; fotolia.com: Johanna Mühlbauer 7 unten links; IHR – Ideal Home Range: 4, 5 (Hinterlegung), 6, 7 (Hinterlegung); Köllnflocken: 43; Ostmann Gewürze: 9 links; Photocuisine: 15, 71; pixelio.de: Sigrid Rossmann 9 rechts; Rama: 17; Sanella: 55; Schwartauer Werke: 8 unten links, 9 (Hinterlegung); StockFood: 7 rechts, 8 oben links, 8 rechts (2 x), 19, 23, 33, 37, 41, 45, 53, 57, 61, 75